UNIONS DE LA PAIX SOCIALE

FONDÉES PAR F. LE PLAY

UNIONS DE LYONNAIS

FOREZ ET BRESSE

Réunion régionale du 27 Avril 1890, à Lyon

SOUS LA PRÉSIDENCE DE

M. HENRI BEAUNE

Rapport sur les travaux du groupe en 1889-90, par M. **G. de Champ**, avocat.

Une visite sociale aux ateliers de teinture Renard et Cie, compte-rendu par M. **Crétinon**.

Les institutions patronales en France et la lutte contre le socialisme, discours de M. **Georges Picot**, membre de l'Institut.

PARIS

AUX BUREAUX

DE *LA RÉFORME SOCIALE*

BOULEVARD SAINT-GERMAIN, 174

LYON

EMMANUEL VITTE

LIBRAIRE ÉDITEUR

PLACE BELLECOUR, 3.

1890

UNIONS DE LYONNAIS

FOREZ ET BRESSE

Réunion régionale du 27 Avril 1890, à Lyon

SOUS LA PRÉSIDENCE DE

M. HENRI BEAUNE

Rapport sur les travaux du groupe en 1889-90, par M. **G. de Champ**, avocat.
Une visite sociale aux ateliers de teinture Renard et Cie, compte-rendu par M. **Crétinon**.
Les institutions patronales en France et la lutte contre le socialisme, discours de M. **Georges Picot**, membre de l'Institut.

PARIS
AUX BUREAUX
DE *LA RÉFORME SOCIALE*
BOULEVARD SAINT-GERMAIN, 174

LYON
EMMANUEL VITTE
LIBRAIRE ÉDITEUR
PLACE BELLECOUR, 3.

1890

UNIONS DE LYONNAIS, FOREZ ET BRESSE

RÉUNION RÉGIONALE TENUE A LYON
LE 27 AVRIL 1890

Le groupe lyonnais des Unions de la paix sociale a tenu le 27 avril sa réunion annuelle, dans le local de la Société de géographie, sous la présidence de M. Henri Beaune. La présence de M. Georges Picot, membre de l'Institut, vice-président de la Société d'économie sociale, donnait un éclat tout particulier à cette belle réunion à laquelle assistait aussi le secrétaire général des Unions. Dans l'assistance, fort nombreuse, on remarquait : MM. Valentin-Smith, conseiller honoraire à la cour de Paris ; de Lafarge ; Rostaing ; Auguste Isaac, président de la Société d'économie politique et sociale ; M. de Prandières, ancien procureur général ; Rougier, professeur à la Faculté de droit de l'État ; Mangini ; Gilardin, conseiller à la cour d'appel ; Chavent ; Gairal ; Langeron ; Saint-Girons ; de Lajudie ; Gillet ; R. Chartron ; Arnould, ingénieur ; Foray ; Ch. Jacquier ; le docteur Bouchacourt ; Chambert ; d'Aubarède ; Paul de Laprade ; Debanne ; H. Blanchon ; Guise ; Marion ; Charmetant ; le F. Pigménion, directeur de l'école La Salle ; Charvériat, etc.

A deux heures, M. H. Beaune, président, déclare la séance ouverte. S'il a, dit-il, la bonne fortune d'avoir à ses côtés deux membres zélés des Unions de la paix sociale, il n'a pas besoin de présenter le premier à son auditoire, M. Delaire n'est pas un étranger pour les Lyonnais. Quant à M. Georges Picot, on le connaissait avant de l'avoir entendu, car on n'a point oublié, pour ne point se souvenir de ses autres titres, l'auteur d'une étude éloquente sur les logements ouvriers. « Au début de cette réunion, où nous venons parler avec modestie, mais aussi avec confiance, de nos travaux et échanger nos espérances, n'est-ce point le moment de répéter que si l'étude est bonne, elle n'est pourtant que l'A B C de notre tâche ? Vous avez, Messieurs, la main pleine de vérités : qu'elles ne demeurent pas à l'état purement spéculatif, ayez le courage de les appliquer. Ayez aussi celui de ne jamais faire de compromissions avec elles ; les demi-vérités ne sont pas seulement des faiblesses, ce sont aussi des mensonges. On vous dira que vous êtes seuls, c'est beaucoup dire ; mais enfin cela serait-il, qu'il ne faudrait point pour cela vous décourager. Le temps est un grand maître, et il faut attendre le lendemain. Un homme de sinistre mémoire disait : « De l'audace, de l'audace, et encore de l'audace ! » Moi qui n'ai jamais été un révolutionnaire, je vous dis à mon tour, pour le triomphe de notre cause : « Volonté, volonté, et encore volonté ! »

Les applaudissements de toute l'assistance prouvent qu'elle s'as-

socie de cœur aux sentiments exprimés par son président, et la
parole est donnée à M. de Champ pour la lecture de son rapport
sur les travaux du groupe lyonnais en 1889-1890.

RAPPORT SUR LES TRAVAUX DU GROUPE EN 1889-1890

Messieurs, le groupe lyonnais des Unions a pensé qu'au moment
où, après une année de séparation et d'efforts communs, se réunis-
saient autour de lui ses confrères et amis de la région, il convenait
de leur dire en quelques mots quelle a été sa part modeste
dans l'œuvre de paix sociale qui les intéresse, de leur indiquer les
moyens employés par lui dans sa sphère d'action pour propager les
saines doctrines de Le Play, non sans doute pour faire ici un vain
étalage de travaux trop incomplets et trop insuffisants encore, mais
pour solliciter une critique éclairée, appeler en même temps les
conseils et le concours de tous ceux qui sentent combien il est nécessaire, à l'heure où la crise sociale devient plus aiguë, de pénétrer les classes élevées du rôle actif qu'elles doivent jouer vis-à-vis
des classes ouvrières, de combattre pied à pied chez celles-ci, par
une propagande incessante, ces utopies dangereuses et subversives
qu'on y répand à profusion, de travailler enfin à établir dans notre
cher pays de France sur des bases solides et durables cette paix
entre citoyens d'une même patrie, entre fils de la même mère, que
tant d'autres s'efforcent de troubler et de détruire.

Rechercher dans l'étude des faits soigneusement observés, en
dehors de toute politique et de toute forme spéciale de gouverne-
ment, les lois qui sont la base de toute société bien organisée, les
contrôler ensemble, les fixer par des discussions courtoises, mais
sérieuses et approfondies, tel a été le premier but qu'à l'instar de
tous nos confrères des Unions et spécialement de ceux de Paris qui
nous ont, dès l'abord, donné l'exemple, nous nous sommes proposé à Lyon.

Notre second but à atteindre a été de transmettre à d'autres le
fruit de ce travail commun, de le répandre par la parole et par la
voie des conférences si recommandées par notre éminent secrétaire
général, M. Delaire, dans les établissements d'instruction privée où
des maîtres éclairés ont bien voulu nous donner accès et dans les
milieux ouvriers où l'homme animé du seul désir de faire le bien
peut toujours pénétrer.

Des réunions mensuelles se sont tenues régulièrement, sous la
présidence de M. Beaune ; elles ont attiré un nombre assez
important de confrères zélés, qui comprenaient des fabricants, des

avocats, d'anciens magistrats, des ingénieurs, des notaires, des propriétaires, chacun à tour de rôle apportant un travail qu'il soumettait à la libre discussion de notre groupe.

C'est au début, M. Chavent qui nous donne de nouveaux détails sur la crise que traverse l'industrie de la soie, sur la concurrence entre le métier mécanique à la campagne et le métier du tisseur de la ville ; qui indique le projet en voie de réalisation d'établir, dans la corporation des tisseurs lyonnais un comptoir ou bureau responsable qui servira d'intermédiaire entre le fabricant et l'ouvrier, garantira au premier l'exécution de sa commande à la date promise, assurera au second un travail plus régulier.

A une séance suivante, M. le docteur Bouchacourt traite cette question si actuelle du service des hôpitaux en donnant des détails curieux et inédits sur les infirmières, dites demoiselles de l'Hôtel-Dieu, qui au XVIII⁰ et durant une partie du XIXᵉ siècle firent le service des hôpitaux de Chambéry.

Au mois de janvier, M. Ch. Jacquier, avocat à la cour d'appel, a donné les résultats d'une enquête sociale et économique faite dans dix-huit communes de l'arrondissement de Mâcon, sur l'état des familles. Cette enquête, bourrée de faits, à laquelle avaient contribué les maires, les notaires, les receveurs de l'enregistrement, les grands propriétaires, les simples cultivateurs, a révélé une décroissance sensible du nombre des enfants occasionnée par le partage forcé, par l'égoïsme, par le développement du bien-être ; une dépopulation de la campagne causée par un système d'instruction à outrance qui entraîne le cultivateur hors de sa sphère et en fait un déclassé ; une augmentation considérable des emprunts hypothécaires et des expropriations ; elle a établi qu'on ne testait plus dans cette région, de crainte d'amener la division dans la famille, et que la dispersion du patrimoine en était la funeste conséquence.

M. Rérolle, avocat et grand propriétaire en Bourbonnais, nous reposait de ces conclusions attristantes par une étude fort complète sur le métayage peu usité dans notre région, dont les résultats excellents pour l'orateur, qui indiquait les fruits de son expérience personnelle, étaient à la fois un encouragement et une leçon.

Vous me permettrez de citer encore parmi les rapports qui ont été présentés à notre groupe celui de M. Gairal, avocat, professeur à la Faculté catholique, sur la représentation de l'agriculture, dont l'organisation a été mise à l'ordre du jour de la Chambre des députés successivement par MM. Méline et de Pontbriant, création qui emprunte au renouvellement prochain des traités de commerce et au remaniement des tarifs de douane un intérêt particulier. Je ne voudrais pas blesser la modestie de notre confrère, modestie qui accompagne le vrai mérite, mais je dois dire ici que ce rapport complet par l'historique de la question, par l'examen approfondi des projets de loi actuels et par les considérations éminemment pratiques de l'auteur, comporte une publication spéciale et appelle votre attention particulière quand cette publication aura paru.

Je mentionnerai, enfin, une étude de M. Salesse sur les lois de recrutement, au point de vue des dispenses, qui établit d'utiles comparaisons entre les dispenses accordées par les divers États de l'Europe et celles plus rares données par la France pour atténuer les désastreux effets du service militaire obligatoire, au point de vue religieux, intellectuel et social d'une nation.

Mais en voici assez, trop peut-être, sur des travaux qui n'ont vu le jour et qui n'ont été goûtés que dans un cercle restreint d'hommes d'étude.

Comment le groupe lyonnais a-t-il propagé la doctrine des Unions autour de lui? Comment a-t-il rempli le second but qu'il s'était proposé et que j'indiquais au début?

Des conférences commencées les années précédentes ont été continuées à l'école de la Salle : dix ont été faites du mois de janvier à la fin de mars. Elles sont rédigées ensuite par les élèves, soumises à l'appréciatian des conférenciers, et des récompenses sont accordées par les Unions de la paix sociale et par la Société d'économie politique et sociale. Les anciens élèves y assistent et propagent dès maintenant les idées que répandront plus tard leurs plus jeunes condisciples dans les milieux industriels où ils sont appelés à vivre et à débuter en qualité de contremaîtres. Citons au hasard parmi les sujets traités, la lutte moderne contre l'esclavage, par le regretté Georges Savoye, que nous a enlevé depuis une mort prématurée; la réfutation de deux erreurs : la perfection originelle et l'égalité absolue, par M. Franchet, architecte; les banques populaires, par M. Arnous, ingénieur.

J'ajoute seulement que le Frère éclairé qui dirige l'école La Salle se félicite des résultats obtenus par ces conférences : « Nos enfants jouissent de ces belles et bonnes vérités sociales au delà de tout ce que je puis dire, » écrivait-il dernièrement à l'organisateur de ces conférences qui trouvait dans ces paroles sa meilleure récompense.

Ces conférences ont été faites devant un auditoire plus jeune, mais non moins attentif, aux ateliers d'apprentissage de l'abbé Boisard. M. Bouchet a traité de l'industrie minière; M. Létang, de l'autorité; M. Pichat, des expositions au point de vue économique et social. Je ne puis les citer toutes et je donne celles-ci à titre d'exemple et pour montrer à la fois la variété et l'utilité pratique des sujets traités.

Enfin, les membres du groupe lyonnais des Unions de la paix sociale ont donné des conférences, au grand pensionnat des Frères lazaristes, aux jeunes gens des premières classes. M. Gabriel Perrin a particulièrement captivé son auditoire en traitant de la séparation de l'Église et de l'État; M. Viollet, ingénieur, conseiller général de l'Isère, a parlé avec compétence des syndicats agricoles : M. Beaune a clôturé ces conférences en traitant du socialisme d'état.

L'enseignement social donné aux jeunes gens des écoles s'est étendu aux ouvriers eux-mêmes. Des séries de conférences fort intéressantes et très suivies ont pu être faites à la Croix-Rousse grâce à l'initiative du clergé local. Quelques-uns de nos amis se sont joints aux prêtres soucieux de propager de saines doctrines dans le monde ouvrier dont ils connaissent mieux que tous autres les besoins et les aspirations. Ces conférences ont eu lieu au cercle Saint-Denis et au cercle Saint-Augustin. Les ouvriers socialistes y ont toujours été spécialement invités ; ils y sont venus en grand nombre apportant à ces conférences une respectueuse attention. L'auditoire était de 500 personnes environ. Parmi les sujets traités, j'indiquerai : l'Eglise et la Liberté, par l'abbé Geai; la vraie fraternité, par M. Gabriel Perrin ; — l'air comprimé et la machine à la Croix-Rousse, par M. Langeron ; — l'influence des doctrines sur la prospérité des peuples, par M. l'abbé Conil ; — la force et son rôle dans le passé et dans le présent, par M. Rouche.

Le succès de ces conférences témoigne combien dans les milieux ouvriers on est avide d'entendre une parole sincère et désintéressée sur les questions qui passionnent le monde du travail et combien on doit encourager les classes éclairées à se dévouer à cette tâche.

Lyon n'a pas seul absorbé nos confrères, qui cette année ont étendu leur champ d'action à Saint-Etienne. MM. Victor Gay, Prenat, Germain, de Montauzan, avocats, Arnous, ingénieur de la Compagnie P.-L.-M., Saignol, ingénieur, de Saint-Charles, avocat, ont fait au pensionnat Saint-Louis des conférences d'économie sociale très écoutées et très applaudies.

Le succès obtenu à ce jour est surtout un exemple de ce que l'on peut faire et un encouragement à de nouveaux efforts. Des demandes de conférences similaires nous arrivent de Bourg, de Roanne, de Villefranche, d'Annonay. Le groupe lyonnais tâchera d'y répondre.

Tel est, Messieurs, le compte rendu des travaux de nos confrères du groupe lyonnais : j'aurais voulu le rendre plus sommaire et le réduire aux proportions d'un procès-verbal. Vous excuserez sa longueur relative. (*Applaudissements.*)

M. Delaire s'empresse de féliciter les Unions lyonnaises : leur excellent exemple sera imité ailleurs. Il insiste sur les motifs qui permettent d'espérer un développement continu de l'enseignement social, de Châlon à Bourg et à Annonay ; et il ajoute quelques détails sur les conférences organisées à Roanne par les membres des Unions qui demandent l'appui et le concours du groupe de Lyon.

M. Crétinon lit son rapport sur la visite faite aux ateliers de teinture de MM. Renard et Cie, à Villeurbanne.

UNE VISITE SOCIALE AUX ATELIERS DE TEINTURE
RENARD ET Cie

Messieurs, Nous ne formons pas une école philosophique, mais une société d'études. Nous ne nous piquons pas d'imaginer des théories, mais nous prétendons observer des faits. Cette observation ne peut être scientifique qu'à la condition que le cercle n'en soit pas arbitrairement restreint, et que les objets n'en soient pas choisis sous l'empire d'idées préconçues. Il y a de prétendus observateurs qui ne veulent connaître que les faits qu'ils sont assurés d'avance de trouver conformes à leurs théories : c'est proprement l'art de fortifier ses préjugés. Pour nous, nous ouvrons les yeux, nous les promenons tout autour de nous, et nous relevons tous les phénomènes sociaux avant de savoir à quelles causes, à quelles lois ils se rattachent. Souvent même nos recherches sont infructueuses : nous partons avec l'espoir d'une riche moisson d'observations et nous revenons les mains presque vides : cet insuccès est la garantie de notre sincérité.

Les années précédentes vous avez étudié des institutions charitables ou philanthropiques, créées en vue de panser quelques-unes des plaies sociales que vous voudriez guérir ; les constatations que vous faisiez là ne pouvaient manquer de satisfaire vos aspirations généreuses. Cette année votre curiosité a été plus téméraire. Vous avez voulu observer un établissement purement industriel, une véritable usine où l'on ne s'occupe que de *teinture* et pas du tout d'économie sociale. Vous l'avez choisie, non parce que vous saviez d'avance qu'elle était organisée sur tel modèle ou suivant telle formule qui peuvent vous être chers, mais au contraire parce que vous désiriez connaître le secret de sa prospérité séculaire. — L'avons-nous su découvrir ? Je n'oserais l'assurer, mais il nous faut en tout cas rendre compte de ce que nous avons vu.

Vous savez tous, Messieurs, que MM. Renard, Vilette et Bunand possèdent à Lyon un établissement important de teinture. Vous avez eu l'idée de l'observer, au point de vue social bien entendu. S'il avait fallu l'étudier aussi au point de vue technique, vous auriez fait choix d'un autre rapporteur.

Que nous ayons trouvé là l'accueil le plus obligeant du monde, je ne m'attarderai pas à le relever. Personne ici n'aime les compliments inutiles. Mais si bienveillante qu'elle fût, la réception avait de quoi inquiéter un peu le futur historiographe de la visite, puisqu'on se hâtait d'ajouter qu'il n'existait dans la maison aucune institution sociale digne de remarque. C'était modeste; fort heureusement, ce n'était pas tout à fait vrai.

Sans doute l'usine de MM. Renard et Cie n'offre pas, comme certains établissements célèbres, une organisation sociale complète qui suffise à la satisfaction de tous les besoins matériels et moraux de tous ceux qui y sont employés. Vous avez entendu parler de ces cités modèles, de ces Salentes industrielles. Le patron y est un roi patriarche; les ouvriers y sont des sujets ou des citoyens. Ils trouvent là, non pas seulement le salaire qui assure le pain quotidien, mais aussi les secours religieux pour leurs âmes, l'instruction pour leurs enfants, la charité pour adoucir leurs misères passagères, un ensemble d'institutions économiques qui leur assure la plus grande somme possible de bien-être présent et futur. C'est une association qui prend tout l'homme, un raccourci d'État, une cité de l'âge d'or. Pour constituer ces organismes puissants, il faut un véritable peuple de travailleurs. J'ajoute qu'ils ne présentent toute leur utilité que dans les établissements qui sont éloignés des villes; il faut alors créer les ressources qui manquent.

L'usine de MM. Renard et Cie est située à Lyon même, ou plutôt aux portes de Lyon, à la cité Lafayette. Par conséquent les ouvriers ont à leur portée toutes les institutions économiques qui peuvent leur servir : caisses d'épargne, sociétés de secours mutuels, caisses de retraite pour la vieillesse, etc. On n'a donc pas pensé qu'il y eût rien de pareil à créer dans l'établissement : tout existe en dehors. D'autre part, l'usine est assurément fort importante; elle occupe environ 400 personnes. Mais ce n'est pas encore assez pour édifier ces cités dont je parlais tout à l'heure.

Cependant, s'il n'y a pas ce qu'on peut appeler des institutions sociales, il y a du moins de bonnes habitudes à citer et des traits heureux à relever.

Tout d'abord laissez-moi vous signaler une particularité rare à notre époque où l'instabilité universelle fait le tourment de tous les philosophes. Cette maison est vieille. Elle date d'avant la Révolution (combien d'établissements publics peuvent en dire autant?) et elle a toujours gardé le même nom. Elle s'appelle la maison Renard depuis 1780; elle a passé successivement des oncles aux neveux et des pères aux fils en évitant les écueils du démembrement forcé. Je cite le fait à titre de curiosité; plût à Dieu que cette exception fût la règle.

Quant aux bonnes habitudes qui y règnent, la meilleure est assurément celle qui consiste à observer rigoureusement le repos Dominical. C'est un mérite pour un teinturier; car il y a des moments où les commandes sont fort pressées et les fabricants bien impatients.

En ce qui touche le dimanche, on ne peut exiger d'un patron qu'une seule chose, c'est qu'il laisse le repos à ses ouvriers; libre à ceux-ci d'en profiter pour sanctifier le jour du Seigneur. Le patron mérite mieux encore s'il facilite l'accomplissement de ce devoir. — La cité Lafayette est assez éloignée de l'église paroissiale; pour les ouvriers qui demeurent autour de l'usine la course est longue, facile excuse pour la négligence. Depuis que MM. Renard et Cie ont établi là leur usine, une chapelle s'est élevée au milieu du quartier. Ce n'est pas à proprement parler une dépendance de l'usine, car elle est en dehors et elle est publique; mais elle a été bâtie principalement pour les ouvriers et leurs familles; le terrain sur lequel elle a été construite a été donné par M. Renard. A côté de l'église se trouvent des bâtiments et des cours destinés à recevoir le dimanche et le jeudi les enfants qui fréquentent les écoles; c'est une sorte de patronage; inutile de faire ressortir les services qu'il rend aux parents. Les enfants trouvent là les jeux et la surveillance dont ils ont également besoin. Ils y trouvent aussi, en la personne de quelques saintes filles qui se dévouent à cette œuvre, de patients catéchistes; les écoliers apprennent donc là, dans leurs jours de congé, le Décalogue éternel, cette science qui est la plus importante de toutes d'après notre maître Le Play, et qu'on a pour cette raison exclue du programme de toutes les écoles.

Voilà ce qui concerne la morale et la religion. Vous savez, Messieurs, qu'il y a un autre trait relevé par Le Play dans la vie des ateliers modèles : c'est la permanence des engagements des ouvriers. Cette stabilité contribue beaucoup d'après lui à la paix sociale. C'est donc l'un des points qui méritent d'attirer notre attention dans toute monographie. Chez M. Renard il ne semble pas qu'on ait inventé des procédés artificiels pour retenir les ouvriers. Ils restent néanmoins, et, pour habiter une grande ville, la plupart d'entre eux sont fort sédentaires. Plusieurs ouvriers sont fils de pères qui travaillaient déjà dans la maison. Beaucoup ont vingt ans, trente ans et plus de services ininterrompus : dernièrement une dizaine d'entre eux ont reçu la médaille de fidélité trentenaire. Quand ces vétérans

arrivent à la décrépitude, on continue à payer leur repos d'aujour-
d'hui comme leur labeur d'autrefois. Ils le savent d'avance et s'atta-
chent à leur patron par le simple lien de la confiance personnelle.

En somme, Messieurs, s'il n'y a pas de curiosités sociales à la
cité Lafayette, on y voit régner les principales coutumes que Le
Play relève dans les ateliers prospères. — Notez que je ne dis rien
de l'admirable installation de l'usine, et de ces vastes salles où l'air
et la lumière pénètrent à flot, et des précautions qui soustraient les
ouvriers à toute espèce d'accidents; moins encore parlerai-je de la
perfection de l'outillage qu'un spécialiste pourrait observer mais
qu'un profane comme moi ne peut même soupçonner.

J'ai hâte d'arriver à deux observations intéressantes dans l'ordre
de vos travaux. Vous allez voir qu'il y a pourtant des institutions
sociales dans la maison de M. Renard. Elles ont trait à deux questions capitale dans la vie de l'ouvrier : sa rémunération et son logement.

On a tout dit et depuis longtemps sur le salaire fixe et sur la par-
ticipation aux bénéfices. Sans remonter aux théories, je cite donc
seulement les faits. Les ouvriers de la maison Renard reçoivent un
salaire fixe qui s'élève en moyenne à 4 fr. 50. En outre et depuis
vingt-deux ans les patrons ont pris l'habitude de leur distribuer un
tant % des bénéfices nets au prorata du chiffre de leurs salaires res-
pectifs. Cette répartition a lieu chaque semestre. Elle n'a manqué
que deux fois depuis 1868. Cette distribution est annoncée aux
ouvriers qui y comptent; néanmoins elle a le caractère d'une
simple gratification. Rien n'est dû aux ouvriers; ils ne savent même
pas quelle est la partie du bénéfice que les patrons leur aban-
donnent. C'est assez dire qu'ils n'ont aucun droit de s'immiscer
dans l'administration des affaires et que la maison Renard n'est pas
une république.

Quant aux logements d'ouvriers, je n'ai pas à vous rappeler
davantage quels sont les desiderata de l'école de la paix sociale.
Voici ce qu'on fait chez M. Renard et quel en est le succès.

A côté de l'usine, M. Renard a élevé plusieurs maisons. Ce sont
des bâtiments solidement construits, confortablement aménagés,
distribués en logements très sains qu'inondent l'air et la lumière.
Ces logements sont aussi séparés que possible les uns des autres :
petits ou grands ils sont de toutes parts clos par de gros murs.
On ne saurait mieux observer les précautions combinées de l'hy-
giène et de la moralité. — Parmi ces logements, les uns composés
d'une ou deux pièces sont destinés aux ouvriers; les autres sont
des appartements de quatre à six pièces qui sont plutôt à l'usage
des contre-maîtres. Les prix des logements d'ouvriers varient entre

12 et 20 francs par mois. Ceux des contre-maîtres se louent 3 ou 400 francs par an.

Autour de ces maisons, M. Renard possède d'assez grands terrains. Il les découpe en petits enclos qui forment des jardins pour les ouvriers qui en ont envie : la location de ces terrains est des plus minimes. Je n'ai pas besoin d'indiquer l'heureuse influence que peut avoir la possession de ce petit jardin pour fixer à son foyer l'ouvrier et sa famille. L'idéal serait peut-être que chaque ouvrier fût propriétaire de son toit et de son jardin, mais c'est impossible. La terre simplement louée attache moins fortement, mais elle retient encore.

Voyons maintenant les résultats. — Les appartements de contre-maîtres sont tous loués. Les logements d'ouvriers ne sont pas aussi recherchés qu'on pourrait le croire et qu'on doit le souhaiter. Le prix n'en est pourtant pas exagéré pour qui les a visités comme nous. Cependant il n'est pas impossible de se loger à meilleur marché — dans des cabanes. Beaucoup d'ouvriers, sujets d'ailleurs à des dépenses inconsidérées, n'ont pas assez le goût du confortable nécessaire. Ils n'estiment pas toujours assez la propreté, l'air, le soleil et le bonheur d'être bien fermé chez soi. Parmi ceux qui louent des chambres dans les immeubles de M. Renai l, bien rares ont été jusqu'ici ceux qui, en louant un jardin, ont voulu se donner l'illusion de la propriété rurale. Maisons et jardins ont peut-être l'inconvénient d'être à côté de l'usine, c'est-à-dire du patron.

Je m'arrête, Messieurs ; si quelqu'un ici a le droit de parler des *logements ouvriers*, ce n'est pas moi. Je m'arrête, bien entendu, sans conclure ; en tirant des conclusions j'excéderais peut-être mon rôle de rapporteur, et je soumettrais certainement à une trop longue épreuve votre légitime impatience. (*Très bien, très bien.*)

Enfin, aux applaudissements de l'assemblée, M. Beaune donne la parole à M. Georges Picot, qui prononce le discours suivant :

LES INSTITUTIONS PATRONALES EN FRANCE
ET LA LUTTE CONTRE LE SOCIALISME.

Messieurs, je ne pouvais refuser l'appel que vous m'avez fait l'honneur de m'adresser. J'étais heureux, je dois vous l'avouer, de me retrouver au milieu de vous et de pouvoir m'entretenir librement d'intérêts qui nous sont également chers.

Notre accord ne se borne pas au fond des choses; nous avons les mêmes sentiments et les mêmes sympathies : j'avais à cœur d'exprimer devant vous, à Lyon, ce que je pensais, ce que vous pensez tous de celui qui préside vos Unions de la paix sociale. Il faut remonter à des temps déjà bien anciens pour rappeler ce que fut le magistrat et l'éclat qu'il sut jeter sur les plus hautes fonctions. Lorsque vint l'heure d'un repos prématuré, à ce moment douloureux où l'homme encore actif voit se fermer les légitimes ambitions d'une profession qu'il aime, où il est permis de se demander si du même coup seront brisées les espérances et la vie, quelle ne fut pas notre surprise? Les anciens compagnons du procureur général le virent aborder sans hésiter des œuvres qui auraient fait reculer les plus laborieux : tour à tour professeur, éditeur de documents inédits, commentateur de textes, il a pris un des premiers rangs parmi les travailleurs de notre temps. Aussi l'Académie des sciences morales et politiques n'a-t-elle pas hésité à décerner une de ses plus belles couronnes au savant historien des coutumes et du droit. Que sa modestie pardonne ces remerciements à une vieille amitié qui est sûre de trouver de l'écho parmi ceux qui m'écoutent! (*Vifs applaudissements.*)

Vous n'êtes étrangers, Messieurs, à aucune des questions qui agitent notre temps, qui préoccupent les penseurs et qui ont ce caractère particulier de laisser en suspens les esprits. De tous côtés, vous entendez prononcer le mot de socialisme; il sort des bouches les plus diverses, appartient à toutes les langues et risque de devenir le mot d'ordre des partis les plus opposés. Signifiant dans son sens propre une réforme de la société, il a été d'abord appliqué à ceux qui veulent cette réforme soudaine. Dans le passé, il se personnifie en Babeuf, Fourier, Saint-Simon, puis Cabet, Proudhon et Louis Blanc, faiseurs d'utopies, aventuriers chimériques qui promettaient le nivellement des conditions, les salaires accrus avec un travail diminué, l'allègement des charges avec un moindre effort, les uns se contentant de théories captieuses, les autres s'écriant : plus de salariat! plus de patronat! plus de capital! De là à l'anarchie il n'y avait qu'un pas. Le vertige des idées fausses est contagieux : 1848, 1871 laissèrent croire aux hommes trompés par ces doctrines que le moment était venu de se livrer à une curée fructueuse dans une société en dissolution.

Ainsi, socialisme théorique, socialisme révolutionnaire, telles étaient les deux formes indivisibles de chimères qui ont jeté sur le milieu de ce siècle une légitime épouvante.

Aujourd'hui, le mot reparaît sur d'autres lèvres. Ceux qui le prononcent lui donnent un sens nouveau. C'est toujours la réforme, mais elle n'est plus ni soudaine, ni violente. Pour séduire nos contemporains épris des merveilles prodigieuses de la science, on proclame le socialisme scientifique ; chaque parti imprime son épithète au mot d'ordre commun ; on rassemble les expressions les plus contradictoires ; on crée une terminologie aussi bizarre que les idées qu'elle exprime, socialisme de la chaire, socialisme conservateur, socialisme d'État, toutes ces variétés écloses à la fois ont un caractère commun et très grave.

Tous ces proneurs de panacées ont à mes yeux des torts irrémissibles : ils promettent la guérison totale des maux de la société. — Ils appellent à leur aide les forces de l'Etat en ne tenant aucun compte de l'initiative individuelle. — Ils allument et entretiennent chez les masses des illusions, complices de passions envieuses qu'ils sont impuissants à calmer.

Celui qui a imaginé le mot de *socialisme* pour en combattre les adeptes, un homme de beaucoup d'esprit, d'un jugement profond et qui haïssait les chimères, Louis Reybaud, a dit que ce qui caractérisait ces systèmes, c'était « la guerre à mort contre les civilisations fondées au profit des civilisations imaginaires ».

Au fond du cœur de l'homme, il y a un sentiment inné, la recherche incessante du bonheur ; quoi de plus légitime ! la vue des maux de l'humanité le redouble. Là encore, c'est un principe de force, ce peut être l'origine des plus nobles efforts, du plus pur dévouement. Mais la vue du bonheur d'autrui blesse l'orgueil de celui qui souffre ; il compare ses maux aux jouissances de son voisin. L'envie naît dans son cœur ; la colère s'empare de lui et avec la haine apparaît le besoin violent de la satisfaire.

Contre cette épidémie d'idées subversives qui atteint tous ceux qui souffrent, tous les malheureux, tous les mécontents de leur sort, comment rétablir l'ordre dans les cœurs et la paix dans les idées ?

Réfuter les doctrines erronées, c'est une tâche ingrate : elle a été tentée en 1848. L'Institut de France, à la demande du général Cavaignac, a rédigé une série de petits traités : l'effort a été louable, mais combien il a été limité ! Quelle que soit la valeur des écrits, c'est la parole qui est la souveraine maîtresse, c'est elle qui assouplit les âmes et porte la conviction dans les esprits. Vous l'avez bien vu à Lyon, Messieurs. Vous savez ce que vous avez suscité depuis quelques années d'efforts utiles, quel est le nombre des cours professionnels auxquels se mêlent les premières notions d'économie politique, que d'idées saines vous avez semées dans ces jeunes têtes qui seront bientôt aux prises avec la vie. Votre œuvre a été féconde. A d'autres époques, Lyon a été mis en péril par ces deux forces terribles qui s'étaient rencontrées en des jours d'épreuve : l'ignorance et la souffrance. Or, il y a trois ans, votre grande industrie de la soie, dont toute la France est fière, traversait une crise terrible. J'étais à la Croix-Rousse visitant ces ateliers de famille, naguère si bruyants : le métier était muet, on m'assurait que le salaire de la semaine était à peine suffisant pour empêcher la famille de mourir de faim. La situation était terrible : je m'attendais à recueillir des plaintes amères : « C'est dur, me disait-on, mais que voulez-vous ? on n'y peut rien. Le goût change ; la demande diminue ; il faut que les prix baissent. » Point de haine, point de colère, un sentiment de résignation, non pas hélas ! je le dis à regret, de celle inspirée par les croyances divines, mais — nous sommes en face des réalités et nous les analysons, — de la résignation due à une connaissance des faits économiques qui m'a profondément surpris. Non, Messieurs, vous ne perdez pas votre temps : vos cours du soir, vos écoles d'adultes ont porté leurs fruits ; vous avez fait, avec vos milliers d'élèves, une génération qui sait davantage, se rend mieux compte des faits, et est disposée à attribuer ses maux au jeu naturel des forces économiques plutôt qu'à la mauvaise volonté des gouvernements ou des capitalistes.

Quelle que soit la puissance de la parole, pour dissiper les idées fausses, il y a une influence plus directe et plus profonde, les services rendus, les œuvres, l'action sous toutes ses formes, voilà le seul remède aux utopies du socialisme !

Examinons ensemble, Messieurs, la nature du mal ; remontons à la cause vraie du socialisme, afin de découvrir plus sûrement les moyens de le combattre. Il n'est pas possible de le nier : chacune des idées fausses de l'ouvrier vient d'une souffrance.

Voyez le jeune homme actif, en pleine possession de sa force, recevant un salaire régulier : il ne songe pas à l'avenir. Que la maladie le terrasse, que le salaire cesse et pour la première fois il pense, il jette un regard sur ses maux, se sent abandonné ; son isolement l'effraye et il maudit la misère. Dans son désespoir, il proférera tous les blasphèmes. Qu'il soit membre d'une *société de secours mutuels*, et il sera soigné, secouru, visité pendant sa maladie. L'œuvre aura été efficace, elle aura apaisé les colères.

L'ouvrier reprend son labeur quotidien ; il se perfectionne dans son métier ; il a besoin d'outils ; mais les instruments lui manquent ; il n'a pas d'argent pour en acquérir et se désole en vain. Auprès de lui, son camarade achète ce qui lui est nécessaire avec les petites sommes versées à la *caisse d'épargne*. L'un est heureux et calme, l'autre, excité et mécontent.

Il se marie ; les enfants naissent ; il faut que la mère travaille, elle est à peine remise, elle n'a pas de lait, pas de force pour elle-même. Comment en pourrait-elle donner à son enfant? Il lui faut abandonner son foyer pour gagner son maigre salaire, elle gémit; le père s'irrite ; il part pour l'atelier en maudissant les charges de la famille. Faites intervenir une *société maternelle*, une *société protectrice de l'enfance;* placez à portée de la mère une *crèche* où, laissant l'enfant en sécurité, elle pourra venir l'allaiter aux heures de repos; mettez à côté de l'atelier la *salle d'asile* et vous aurez ramené dans le cœur aigri de cette mère, je ne dis pas tout le bonheur, mais la part de paix et de sécurité sans laquelle la vie n'est pas supportable.

Le grand souci du travailleur, la préoccupation qui l'obsède, c'est le logement. Il arrive difficilement à amasser l'argent du terme et pourtant il habite une chambre étroite où il a à peine la quantité d'air indispensable. Chaque incident de la vie, dans ce taudis où il étouffe, l'exaspère ; aux prises avec un désordre incurable, il prend en grippe ce logement qui lui représente toutes les souffrances. Qu'il rencontre une *société d'habitations économiques*, comme celle de Lyon; qu'auprès d'elle soit instituée une *caisse de loyers*, et avec une habitation salubre, de l'espace pour mettre de l'ordre dans la vie et donner de l'air aux poumons, une épargne régulière qui assure le payement périodique du terme, vous verrez s'apaiser la haine qui fermentait dans le cœur de l'ouvrier.

Sa vie, je le sais, est rude ; elle est entourée de périls et soumise aux accidents ; il peut être blessé, souffrir d'une longue incapacité de travail. Ce sont là, direz-vous, les chances de la vie; il faut s'y soumettre ; contre elles, rien ne peut être fait. Détrompez-vous, Messieurs. La Société industrielle de Mulhouse a entamé depuis trente ans une campagne admirable pour la *préservation des accidents;* recherchant toutes les causes de dangers, elle en a peu à peu restreint les risques et elle est parvenue à des résultats merveilleux. Néanmoins, je le reconnais, il y a un danger professionnel. Pour en atténuer les résultats, il faut que l'ouvrier, que le patron contractent librement des *assurances*.

A travers ces alternatives diverses, ces luttes contre la maladie, cet effort de chaque heure, la vie s'avance, les forces déclinent; on voit poindre l'affaiblissement inévitable ; pour celui qui n'a pas épargné, quelle perspective! C'est l'indigence avec ses hontes, peut-être l'hospice. Contre les humiliations et les impuissances de la vieillesse, il n'y a qu'un remède : la prévoyance et la constitution d'une épargne déposée à la *caisse des retraites*.

Ainsi, Messieurs, depuis le berceau jusqu'à la tombe, à tous les maux de la vie, à toutes les souffrances de l'ouvrier correspond un remède. Ce n'est pas là une chimère ; il ne s'agit plus d'un rêve, mais d'institutions réelles, qui ne sont pas nées d'hier, qui ont fait leurs preuves, qui fonctionnent et qui produisent, partout où elles ont été fondées, un bien incalculable.

Mais comment l'ouvrier peut-il les trouver sur sa route ? Il est ignorant, isolé, il manque de tout, nous dira-t-on, et vous lui proposez des institutions qu'il est incapable de créer. N'y a-t-il pas, en vérité, quelque ironie dans vos tableaux ? N'est-ce pas vous jouer de sa crédulité que de lui montrer des remèdes qui ne sont pas à sa portée ?

Non, Messieurs, ces accusations sont injustes : à côté de l'ouvrier, il y a un homme qui peut lui apprendre comment on se sert de ces remèdes, c'est le patron. Le grand, le véritable rôle du patronat, c'est de faire l'éducation de celui qu'il emploie, ne lui imposant rien, mais lui offrant un appui, ne lui infligeant pas une servitude, mais plaçant à sa portée une ressource, apprenant enfin à l'ouvrier comment il doit se servir du plus délicat des instruments : la liberté. (*Applaudissements.*)

Quels soins, quel tact doit déployer le patron pour apprendre à l'ouvrier l'initiative qui seule peut l'affranchir et rend les œuvres durables ! Etudions les faits et nous découvrirons ensemble la cause des erreurs et des succès.

Un patron crée une caisse de secours : il veut agir largement, il ne laisse à personne une part d'action ; à lui seul, il l'alimente par ses subventions les plus généreuses : chômages, maladies, accidents, il a tout prévu. En vain multipliera-t-il d'années en années les sacrifices, en vain fera-t-il tous les efforts personnels ; à sa grande surprise il échouera. Mais s'il ouvre la caisse aux versements des ouvriers, s'il se borne à y ajouter une subvention complémentaire, s'il abandonne la gestion et le contrôle à des délégués librement choisis, s'il a l'art de s'effacer et de laisser agir, son succès sera complet.

Vous savez ce qu'est le profit souvent très élevé du marchand au détail. Pour abaisser les dépenses du ménage, le patron crée un *économat*. Seul, il achète des denrées en gros et revend au détail suivant le cours d'achat. L'ouvrier trouve ainsi à 20 ou 25 % moins cher les denrées de première nécessité. Quel bienfait ! et néanmoins le résultat est souvent douteux ; contre les économats, les soupçons s'accumulent, les détaillants excitent les esprits ; on répand la calomnie ; il n'y a pas une grève dans laquelle on ne retrouve l'excitation causée par ce bienfait mal compris. Qu'au lieu de cet acte de patronage direct, une société de consommation ait été formée par les ouvriers, qu'ils achètent eux-mêmes, qu'ils administrent la société par leurs délégués, qu'ils vendent au prix courant et qu'à la fin de l'année ils partagent les bénéfices, les résultats seront excellents.

La caisse de retraites n'est-elle pas de toutes les institutions la plus séduisante? Administrée par le patron, encaissant les retenues obligatoires au moment de la paye, formant ainsi une masse qui est employée en fonds de roulement, liant par là l'ouvrier à la prospérité de l'industrie, lui promettant, s'il reste attaché à l'atelier, un pécule pour sa vieillesse, elle le menace de la perte du capital, s'il part. Cette caisse devait associer l'ouvrier à la fortune de l'entreprise. Presque partout elle a échoué. — Substituez à ce système un livret individuel de versement à la caisse de la vieillesse, garantissez la pleine liberté de verser ce qui plaît, donnez de plus la certitude de demeurer à tout événement propriétaire du capital, et vous verrez l'ouvrier satisfait, économiser de bon cœur, tandis qu'il répugnait aux retenues obligatoires. A Anzin, les deux méthodes ont été éprouvées. La première avait donné des résultats douteux. Le jour où la régie a annoncé que les ouvriers seraient propriétaires du livret individuel, il s'est trouvé des pessimistes pour assurer que, le lien ayant été rompu, les départs seraient nombreux. Tout au contraire, le sentiment de la liberté a attaché les mineurs plus fortement que la contrainte : chacun d'eux verse quand bon lui semble ce qu'il lui plaît. A la fin de l'année, la compagnie double spontanément la somme. Quand le titulaire du livret a plus de vingt ans de service, la compagnie ne double pas, elle triple. Le succès a dépassé toutes les espérances.

Il en est de même des logements. Qu'ils soient construits par le patron et donnés gratuitement, n'est-ce pas le maximum de la générosité? Pourtant la reconnaissance est médiocre. Il faut un loyer perçu, un effort accompli, pour que la dignité soit sauvegardée. Dans le logement concédé, le locataire sent sa chaîne; dans l'habitation louée et payée, le locataire est libre. Dans celle qu'il a construite pour lui, avec ses économies, ou avec les avances du patron, sa satisfaction est entière. Aussi, que de constructions de ce genre autour des grandes usines, dans les agglomérations rurales, au Creusot, à Montceau-les-Mines ! Les avances des patrons, successivement remboursées par le constructeur, atteignent des centaines de mille francs. Tout au contraire, la construction de cités ouvrières par l'Etat ou par les municipalités a partout échoué.

Vous le savez bien, Messieurs, vous qui avez commencé à Lyon sur des bases solides cette œuvre des logements économiques, vous qui ne demandez pas à l'État ce qu'il ne peut donner. En ce moment, vous fondez une œuvre du repos du Dimanche ; vous vous en souvenez, en créant une contrainte légale, le législateur de 1814 a tout gâté ; l'esprit d'opposition a été surexcité ; ce que la liberté aurait fait, on l'a refusé à la loi. Aujourd'hui, la Ligue du repos du Dimanche s'adresse non aux pouvoirs publics, qui n'ont que faire en cette matière, mais aux mœurs ; aussi l'œuvre que vous venez de créer hier à Lyon réussira-t-elle parce qu'elle sera un effet de la libre volonté de l'homme. (*Applaudissements.*)

Les exemples que nous venons de citer ne suffisent pas. Il en est un plus saisissant encore ou, pour mieux dire, qui résume en lui seul tous les autres. Il y a, non loin d'ici, en Bourgogne, un établissement considérable où étaient pratiquées, il y a dix ans, toutes les œuvres que peut concevoir le cœur le plus charitable. Le patronage pur y était organisé ; le patron avait eu l'initiative ; il avait conservé la direction et exerçait sur ses ouvriers une suprématie absolue. Ce système, vous le savez, a ses partisans. Ecoutez ce qu'en pense un de nos collègues de la Société d'économie sociale, très compétent pour le juger.

« Le chef d'industrie, dit M. Langeron, assume la responsabilité du bonheur de ses ouvriers ; il doit pourvoir à tout et n'est secondé par personne ; ses ouvriers s'en remettent complètement à lui du soin d'améliorer leur situation. Il n'y a plus chez eux la moindre initiative et leur dignité est diminuée d'autant. De plus, n'intervenant pas dans l'œuvre du patron, ils ne peuvent apprécier le prix de ses sacrifices : ils s'habituent aux avantages qu'il leur fait, et finissant par les considérer comme des droits, se dispensent de toute reconnaissance. Bientôt même, ils les trouvent insuffisants, croient pouvoir en exiger de nouveaux, et désormais ils sont mûrs pour le socialisme (1). »

Tous ces inconvénients s'étaient produits ; les rapports étaient très tendus ; une défiance invétérée en bas, une tristesse profonde en haut, tous les signes d'un malentendu qui semblait l'avant-coureur d'une crise. On prit le parti de tout changer. Celui qui était naguère le président de toutes les caisses, le chef de toutes les œuvres donna sa démission de tout. Il prévint les ouvriers qu'ils eussent à choisir des délégués qui présideraient aux opérations journalières ; assurément, on le trouverait toujours prêt à seconder leur action, mais comme un simple conseil, comme un recours en cas de péril, non comme l'administrateur universel de qui tout dépendait. En quelques années, la détente fut générale et aujourd'hui règne la paix sociale dans ces vastes établissements où, il y a dix ans, on craignait de voir éclater la guerre civile.

(1) Langeron, *la Réforme sociale*, n° du 16 janvier 1890, p. 124.

Le secret du succès, Messieurs, c'est d'abord et avant tout d'aimer les ouvriers, de respecter leur initiative, de favoriser ce besoin d'action libre qui est au fond du cœur humain.

L'un des goûts les plus marqués de l'homme le pousse sans contredit vers l'association. Quoi de plus naturel? Il se sent faible. L'association décuple, centuple ses forces. Il souffre de l'intermittence de ses efforts. L'association est continue. Il a besoin de créer. L'association est le produit direct de sa volonté. Utile à toute époque, cet instrument merveilleux est nécessaire en notre temps. La démocratie est pleine de contrastes : elle a pour effet direct de grandir démesurément l'individu et de l'isoler; il peut tout, lui dit-on, et, en réalité, elle le laisse très faible. L'association est le seul contrepoids de la démocratie.

C'est au patron à apprendre à l'ouvrier comment il peut user de l'association. La véritable mission des institutions patronales est de préparer l'éducation de l'ouvrier, de lui apprendre la prévoyance, de l'aider à reconstituer la famille et à supporter vaillamment les maux de la vie. (*Applaudissements.*)

Est-ce une chimère, Messieurs? Nous avons vu tout cela l'an dernier, non dans un tableau de fantaisie, mais dans la réalité même. L'exposition d'économie sociale dont l'un des nôtres, M. Cheysson, a préparé le projet, dressé le questionnaire et animé les travaux avec son ardeur communicative, a déployé l'an dernier à l'esplanade des Invalides des merveilles inattendues. Le jury ne s'est pas contenté de voir les graphiques, de lire les notices; il a entendu, il a interrogé les exposants et tous sont venus lui tenir le même langage : « Il y a quinze ans, nous étions fort inquiets; nous avions de grands doutes sur nos relations avec les ouvriers et de grands soucis; mais aujourd'hui l'incertitude est dissipée, nous ne pouvons plus hésiter; les institutions dont nous sommes entourés ont porté leur fruit; la paix est faite; le noyau d'ouvriers stables attachés à la prospérité de nos entreprises s'accroît de jour en jour. Avec eux, nous sommes assurés de traverser les heures de crise. » Voilà ce que nous ont dit, non quelques personnes éprises de nos idées, membres de nos Unions, mais soixante-quinze exposants venus de tous les points de la France, et représentant 300.000 ouvriers.

Quelque importants que soient ces chiffres, ils sont loin de donner la mesure des efforts accomplis de notre temps en France! Dans le catalogue de l'Exposition, combien de noms absents! J'ai visité à Lyon d'admirables ateliers; j'y ai vu tout ce que la prévoyance la plus sage pouvait créer; tout y était prévu et l'ouvrier y rencontrait cet appui discret qui l'aide sans étouffer son initiative. J'étais ému de ma visite. Le patron le comprit et s'approchant de moi : « Permettez-moi, me dit-il, de vous demander un engagement. Ne parlez pas de ce que vous venez de voir. Surtout n'imprimez rien à ce sujet et promettez-moi de ne pas prononcer mon nom. Nous faisons cela pour nos ouvriers et non pour faire du bruit. » J'obéis, Messieurs, vous l'entendez. Je ne prononce pas de nom, mais en rappelant ce que fait ce patron, en exprimant pour ses actes ma profonde admiration, il m'est bien permis de dire que notre exposition n'a montré qu'une part de l'œuvre accomplie en France par les patrons au profit de leurs ouvriers. (*Applaudissements.*)

En parcourant l'an dernier nos galeries de l'exposition, que de lacunes j'ai constatées! Votre ville était représentée par un admirable volume (1); mais vos grands patrons, imitant la réserve que je suis forcé de louer comme homme et de blâmer comme juré, s'étaient abstenus. A Lille, je présidais, il y a quelques années, avec notre ami, M. Delaire, une réunion comme celle-ci; j'avais parcouru le matin des filatures où les institutions patronales étaient complètes. Je les ai cherchées l'an dernier, sans trouver à Paris une trace quelconque de leurs efforts. Il m'est donc permis d'affirmer que nos 75 exposants, nos 300,000 ouvriers représentent une part très faible du bien qu'ont accompli les patrons français.

Il faut renoncer à évaluer le nombre. Cherchons du moins à mesurer la portée de l'œuvre. Veut-on calculer les chiffres des dépenses faites par les grandes industries pour le bien-être et le développement de leurs ouvriers? Anzin a donné dans le dernier exercice, aux institutions patronales, 1,567,757, soit 140 francs par tête d'ouvrier, ce qui représente 12.20 % des salaires et 47.33 % du dividende. Le Creusot 1,632,000 francs, c'est-à-dire 136 francs par tête d'ouvrier, soit un sur-salaire de 10 %. Blanzy 1,052,000 fr., c'est-à-dire 50 % du dividende, produisant 203 francs par ouvrier, et 18 % de sur-salaire.

Ce sont des faits irrécusables. Les résultats ne le sont pas moins : mais comment les mesurer? par quels chiffres en donner l'expression? On a pensé avec raison que la stabilité plus ou moins grande du personnel donnait la proportion exacte du succès des institutions patronales. Ce calcul a présenté les résultats les plus frappants. La moyenne de stabilité s'élève dans les ateliers où règne l'harmonie à douze et treize années. Mille quatre cent quatre-vingt-onze ouvriers travaillent au Creusot depuis plus de trente ans. Ainsi se forme un noyau d'ouvriers fixes, liés au passé comme à l'avenir de l'usine, résistant aux agitations factices et capables de contreba-

(1) Rapports, notes et documents de la section d'économie sociale. Lyon, 1889. L'*Introduction* écrite par le président de la section, M. Aynard, et placée en tête de ce volume, résume avec une rare autorité ces documents.

lancer l'action des ouvriers nomades plus disposés à recevoir toutes les excitations. On se demande pourquoi le socialisme a trouvé ailleurs un terrain plus favorable, pourquoi d'autres peuples sont plus malades que nous. A cette question, il n'y a pas d'autre réponse que le tableau de nos institutions patronales.

Voilà ce que nous savons faire en France, Messieurs, pour combattre le socialisme par toutes les armes que donnent le libre jeu de l'initiative individuelle, et l'harmonie des intérêts. Nous n'avons pas attendu pour trouver le remède que le mot d'ordre nous vînt d'outre-Rhin. (*Applaudissements.*)

Ce qui se passe ailleurs nous offre la vue claire du péril. Gardons-nous d'y tomber ! Assurances obligatoires, retenues forcées, intervention de l'État sous toutes ses formes, ce sont là des dangers que nos vieux principes français de liberté sauront écarter. Sachons y demeurer fidèles, et, pour nous y attacher davantage, permettez-moi, avant de finir, de vous rappeler une fois de plus à qui nous devons ces exemples, à quelles sources nous avons puisé ces doctrines fortifiantes qui doivent être notre guide et notre salut.

C'est sur la terre d'Alsace, qu'ont germé ces idées et qu'ont été tentés les premiers efforts. Sur ce sol où se rencontrent unies les trois forces qui sauvent les individus comme les peuples, le travail, l'espérance et la prière, il s'est trouvé des hommes admirables qui ne se sont pas bornés à aimer les ouvriers, mais qui ont créé les institutions les plus propres à les régénérer. Il n'est pas permis de parler des œuvres dont nous invoquons les secours sans rendre un éclatant hommage à la mémoire d'un grand Français, Jean Dollfus, et à l'action de la Société industrielle de Mulhouse. (*Applaudissements.*)

Dans notre temps, les vraies lois de la société, le rôle prépondérant de la famille, l'influence non de la richesse mais de la vertu, les causes du progrès durable, les conditions en un mot de la « Paix sociale », n'ont été complètement décrites que par votre illustre fondateur. Seul, Le Play a su, de l'observation rigoureuse des faits, tirer un corps de principes ; il a montré que la société prospère est celle où l'extrême misère est inconnue, où chacun se sent à sa place, où personne n'aspire à prendre celle d'autrui, où l'on vit tranquille et actif dans sa sphère sans être dévoré par l'envie et l'ambition. Ses disciples, fidèles à la ligne économique qu'il a si magistralement tracée, se font gloire de combattre le plus grand mal de notre temps, l'envie qui est le véritable mobile de toutes les passions subversives. « En réalité, dit excellemment M. Claudio Jannet, tous les systèmes socialistes attaquent plus ou moins l'inégalité des richesses, chacun se réservant à part soi de frapper, quand il le pourra, la catégorie de riches qui lui est personnellement la plus désagréable (1). »

Voilà la vérité, éloquemment et rudement dite. Quelle condamnation de ces violences, de ces cris de haine qui retentissent à nos oreilles ! « Cet homme possède des milliards. Vous gagnez 3 francs. Donc cet homme est l'ennemi, il faut en faire justice ! » Détestables paroles qu'il est bon de flétrir en toute occasion, mais surtout dans une assemblée chrétienne comme celle-ci ! (*Applaudissements.*)

Non, Messieurs, contre l'envie, sous toutes ses formes, contre le socialisme, et tous ses systèmes, il ne faut pas se lasser d'opposer l'action individuelle, le travail, la persévérance. Disons aux ouvriers : Contentez-vous de peu ; haïssez le luxe, les besoins artificiels, cultivez l'épargne, comptez sur votre énergie et ne vous découragez pas. Puis, nous tournant vers les patrons, ne nous lassons pas de leur répéter : N'écoutez pas les conseils étroits de l'égoïsme, pensez sans cesse aux souffrances matérielles, aux besoins moraux de ceux que vous employez, pénétrez dans leur existence pour deviner leurs maux et les mieux soulager, écoutez toujours, malgré le fracas des affaires, malgré les violences, malgré les injures, le mot éternel qui domine tout, le mot divin, le secret de toute réforme humaine, l'incomparable sentence que nous a enseignée le Maître : Aimez-vous les uns les autres ! (*Applaudissements prolongés.*)

M. Delaire, après M. Beaune, remercie l'orateur qui a donné l'appui de sa parole si autorisée à la cause de la réforme sociale. Rappelant l'attention croissante qu'accordent aux travaux de la Société et des Unions les esprits éclairés de la France et de l'étranger, il donne rendez-vous au plus grand nombre possible de ses auditeurs à la réunion annuelle de Paris.

Après avoir fait acclamer M. Gairal comme troisième vice-président du groupe lyonnais, M. le président a déclaré la séance levée.

A sept heures du soir, un banquet réunissait, dans les salons de M. Maderni, un grand nombre de membres des Unions de la paix sociale. Trois toasts y ont été portés : le premier, par M. H. Beaune, qui s'est adressé à M. Georges Picot et à M. Delaire. « A ceux qui demandaient au doge de Gênes, dit-il, ce qu'il admirait le plus dans les jardins de Versailles, celui-ci répondait : c'est de m'y voir. Quand il s'agit de Le Play, de la paix sociale, de la réforme de nos préjugés par les mœurs, quand il y a quelque part une intelligence à éclairer, un cœur à conquérir, une misère à soulager, un bien quelconque à faire, nous serions mieux en droit de dire à MM. Picot

(1) Claudio Jannet. *Le Socialisme d'État*, p. 126.

et Delaire : ce qui nous étonnerait, c'est que vous n'y fussiez pas. »
A son tour, M. Picot a répondu en buvant à la prospérité de la
Société d'économie sociale et du groupe si actif, si laborieux, si
résolu des Unions lyonnaises. Enfin, M. le docteur Bouchacourt,
vice-président du groupe lyonnais, a porté la santé de M. Beaune et
a exprimé, en termes émus et unanimement acclamés, l'espoir qu'il
demeurera longtemps encore à la tête de ce groupe.

Le compte rendu qui précède prouve la vitalité du groupe lyon-
ais des Unions de la paix sociale et les véritables services qu'il
rend à la région. Mais pour qu'il puisse s'affirmer davantage et
développer son action bienfaisante, il lui faut des adhérents nombreux, se renouvelant sans cesse et ne se bornant pas à des marques
de passagère sympathie.

En entrant dans le groupe tous peuvent être utiles. Ceux que
leurs occupations empêchent de prendre une part active au mou-
vement social, y contribueront par leurs cotisations et elles sont
indispensables pour faire face aux frais d'une propagande dont le
champ d'action s'étend tous les jours. Ceux qui sont jeunes et
actifs ou qui ont les loisirs nécessaires nous aideront plus efficace-
ment encore à répandre les vérités sociales par la plume et la
parole. Tous auront ainsi satisfait à cette grande loi de charité dont
a parlé si éloquemment M. Picot et qui avec la loi de justice est la
régulatrice nécessaire des rapports des hommes entre eux.

Pour faire partie des Unions on peut, soit s'adresser directement
à M. le Secrétaire général, 174, boulevard Saint-Germain à Paris,
soit pour la région lyonnaise à MM. Beaune, 21, cours du Midi,
Foray, 64, rue Sala, Marion, 38, rue du Plat, qui se feront un plaisir
de donner les renseignements nécessaires.

Paris. — Imprimerie F. Levé, rue Cassette, 17.

SOCIÉTÉ INTERNATIONALE D'ÉCONOMIE SOCIALE

La Société, fondée par Le Play, s'est constituée le 27 novembre 1856, pour remplir le vœu exprimé par l'Académie des sciences en couronnant l'ouvrage intitulé les *Ouvriers européens*. Elle applique à l'étude comparée des diverses constitutions sociales la méthode d'observation, dite des monographies des familles. Elle reproduit les monographies les plus remarquables dans le recueil intitulé les *Ouvriers des deux mondes*, et publie le compte rendu *in extenso* de ses séances dans la *Réforme sociale, bulletin de la Société d'économie sociale et des Unions*.

La *Société d'Economie sociale* se compose de *Membres honoraires* versant une cotisation de 100 fr. par an, au minimum, et de *Membres titulaires* payant 20 fr. L'un et l'autre de ces deux prix donnent droit à recevoir la *Réforme sociale*. qui est adressée à tous les Membres deux fois par mois, le 1er et le 16 ; et les *Ouvriers des deux mondes* qui paraissent par fascicules trimestriels.

De 1865 à 1885 le *Bulletin* des séances forme 9 vol. in-8° avec tables méthodiques. La collection complète (rare) : 68 francs. — Depuis 1886, le *Bulletin* est remplacé par la *Réforme Sociale*, 2e série.

LES UNIONS DE LA PAIX SOCIALE

Les *Unions* ont pour but de propager et de mettre en pratique les doctrines de l'*Ecole de la paix sociale*. Elles sont réparties par petits groupes en France et à l'étranger. Leur action s'exerce par l'intermédiaire de CORRESPONDANTS locaux.

Les membres sont invités à transmettre au secrétariat général les faits qu'ils ont pu observer autour d'eux, ou les renseignements qui sont parvenus à leur connaissance. Ces communications sont, suivant leur importance, mentionnées ou reproduites dans la *Réforme sociale*.

Les *Unions* se composent de membres *associés* et de membres *titulaires*. Les membres *associés* versent une cotisation annuelle de 12 fr. (14 fr. pour l'étranger) qui leur donne droit à recevoir deux fois par mois la *Réforme sociale, bulletin* de la *Société* et des *Unions*. Les *membres titulaires* concourent plus intimement aux travaux qui servent de base à la doctrine des *Unions*; ils payent, outre la cotisation annuelle, un droit d'entrée de 10 francs au moment de leur admission, et reçoivent, en retour, pour une *valeur égale* d'ouvrages choisis dans la *Bibliothèque de la paix sociale* et livrés au prix de revient.

Pour être admis dans les *Unions de la paix sociale*, il faut être présenté par un membre, ou adresser directement une demande d'admission au Secrétaire général, boulevard Saint-Germain, 174, à Paris Les noms des membres nouvellement admis sont publiés dans la *Réforme sociale*.

De 1875 à 1880 les travaux des Unions ont été publiés dans des *Annuaires* dont la collection forme 5 vol. au prix de 15 francs. — Depuis 1881 l'*Annuaire* est remplacé par la *Réforme Sociale*.

LA RÉFORME SOCIALE

Bulletin de la Société d'Économie Sociale et des Unions de la Paix Sociale.

Les personnes étrangères aux deux Sociétés peuvent s'abonner aux conditions suivantes :

FRANCE : UN AN 15 fr.; SIX MOIS 8 fr. | EUROPE : UN AN 18 fr.; SIX MOIS 10 fr.

Hors d'Europe : le port en sus.

Les abonnements partent du 1er de chaque mois

CHAQUE LIVRAISON : 80 CENTIMES